손순자 시집

어떤 바람의 술래

제3의 문학

| 序文 |

詩로 가득한 이 세상
찾아 헤매는 이에게만 보이는
詩도 사랑도 찾는 사람의 빛나는 영적 형안에만
주어지는 가슴 벅찬 영광인 것을
별것 아닌 사소한 문장들을
詩라는 이름표를 달아
떠나보낸다.
『소요산 연가』, 『행복한 여자』 이후 꼭 8년만이다.
한 생애의 가장 값진 보람으로 남겨질
작품 하나 남길 때까지…
나만의 빛깔과 향기를 끊임없이
찾아 헤매리라.

2016년 초겨울에
어느 작은 마을에서
손 순 자

차 례

차 례

차 례

1부

엄마의 빨간불

사진

거울속의 나를 본다
젊은 시절 어머니 모습이 거기 있다

윤기 없이 푸석한 머릿결
눈가에도 목주름도 어느새 깊어졌다
컴퓨터 앞에 앉을 시간에
리프팅 맛사지라도 받을 걸 그랬나…

좀 더 예쁘게 포장하고 싶은 마음도 잠시
오늘도 난 설렘으로 시집 한 권을 꺼내든다

만나러 간다

이런 저런 핑계로
미루었던 시간을 꺼내어 들고
조금씩 생각하며 신을 신는다
이제 그만 지우려 해도
아무렇지 않게
숲속 산책길 셀카도 보내주고
소소한 문자로 새벽을 깨우던
아직 잊어버리기에는
오래된 습관이 되어
아마 바라보던 강물도
혼자 흐르고 있을까
먼 시간의 그리움을 들어주던
계단을 오르내리며
오늘도 만나러 간다

DMZ

시간도 멈춰 버린 것일까
이 땅에서 전쟁을 경험한 세대들
역사 속으로 사라져 가는데
세계 유일의 전쟁 분단국
그 들의 임무가 언제 끝날지
아무도 모른다

빈집 2

땅 주인이 바뀌었다는 소문이 들리더니
파란 양철지붕이 흔들리고
흙벽에 기댄 채 간신히 버티던
슬레이트도 떨어져 나갔다
치매가 의심되기 전 만해도
동사무소 소식지며 재활용 봉투
나눠주시던 키 작은 반장님
어느 날부터 그 모습 보이지 않았다
온기 없는 집 어딘가에 둥지 틀었는지
제집처럼 드나드는 고양이들
집주인 없어도 홀로 꽃 피우고
밤송이 키워내던 나무 한 그루
찾아오던 발길 뜸해지자
윤기도, 향기도 없다
자랑처럼 대문을 지키던 문패마저
집주인과 마지막 인사 나누지 못하고
빈집과도 작별하는 날
이름 하나 마음에 새겨놓고 서있다

새해 첫 날

'행복한 새해 되기 바라오!'

남태평양을 건너온

따스한 바람과
물새 소리와
희망의 파도

처음으로 만난
햇빛알갱이 같은
문자가 눈부시다

틈새를 엿보아
나도
먼 바다를 건너야 할까?

그대 가슴에서 두근거릴
첫 연애편지 같은 설렘으로…

빈집

언제, 누가 심었을까
샛골길 모퉁이 돌아 약수터 가는 길에
흐드러지게 핀 빨간 접시꽃

먼 옛날 못 다한 사랑
저렇듯 안타까워
흙먼지 폴폴 나는 길에 피었나

흘러가버린 시간은 서러워라
아무도 찾는 이 없어
늘 적막하던 빈집

어제의 충만했던 기쁨
그 얼굴의 미소도
못내 그리운 칠월의 하루

천은사

수홍루에 비친
그림자를 바라보며
사바를 건너
절 마당을 거닐면
스치는 바람에
송홧가루가 날린다
휙!
스님의 장삼자락 펄럭이는 소리에
문득
살아온 날 들을 떠 올리니
한 없이 가벼운
내 삶도
덩달아 날린다

종합운동장에서

1번과 2번 라인 사이
싱그런 바람을 가르며
한 바퀴 걷는데 5분, 이라며
전광판 시계가 알려 준다
이런 저런 생각 속에 빠져들어
실실 미소 지으며
네 바퀴째 걷고 나니
전광판 시계가 지쳐
더디 가는 걸까?
4분, 이라고 알려 주니
가끔씩 보폭을 잃고 휘청거리던
다리가 어느새 안정을 찾는다
어쩌다 핸드폰이 와도
숨소리 고르며 받아도 되는
종합운동장에서
오늘도 열 바퀴 걸었다고
숙제 검사 맡듯이
그대에게 자랑하면
"참 잘했어요" 라고
동그란 도장 찍어 줄 것만 같다.

아들의 꿈

사진속의 아들이 웃고 있다
날마다 골목대장 친구들과 전쟁놀이에서
오늘은 승리 한 것일까
장난감 총을 들고 배시시 웃고 있던

전곡의 언덕배기 좁다란 골목 끝
하사관 주택 단칸방에 세 들어 살던 그 때
집주인 할아버지 군복 입은 모습이 멋지다며
아들의 꿈은 커서 나라를 지키는
씩씩한 군인 아저씨가 되는 것이었다

어느덧 자라 빨간 명찰 가슴에 달고
새벽점호에 연병장을 향해 우렁찬 모습으로
유격 훈련, 화생방 훈련, 천자봉 행진 죽도록 힘들지만
뜨거운 전우애로 서로의 고단함 어루만지며
군번줄 목에 걸고 잠드는 군인이 되었다
돌아갈 집, 행복한 가족모습 떠 올리며

마음을 지켜주는 든든한 방패삼아
목청 높여 전역하는 그 날에는
속 깊은 어른이 되어
또 다른 새로운 꿈을 꾸길 바란다

아들아!
너의 꿈을 이루었구나.

고마워요 요양병원

엄마의 몸에 빨간 불이 켜졌다
칠남매 번듯하게 키워놓고
자식, 손주 자랑하고 효도 받으며
이제 여생을 즐길 나이에

언제 어떤 행동을 할지 몰라
한 시도 눈을 뗄 수 없으니
생업을 포기하고 매달릴 수도 없고
아무리 깊은 효심이어도
긴 병 앞에 버티기 힘들다는데

"나 이제 퇴원하면 어디로 가냐?"
고관절 수술 후 퇴원을 앞두고
엄마가 가야 할 곳이 어딘지?
하소연 할 곳 없어 끙끙대며
매일 밤 악몽을 꾸었다

반 강제로 요양병원으로 모신지 1년
봉양의 의무도, 부부사이의 갈등도
가족들의 정신건강도 문제없이
우리 모두의 삶이 안온해졌다

엄마의 깊은 속마음은
까맣게 모르는 체
아니,
모르는 체 하면서

당신을 불러봅니다

노랑, 빨강, 분홍 채송화들
반짝이는 눈으로 기지개를 켜며
햇살아래 모여앉아 수다를 떱니다

세상사 일이 힘겨울 때 마다
고샅길이 생각나
지난날의 길가에 오르면
유년의 꿈이 그 자리에서 웃고 있습니다

작은 마당에 채송화를 심으며
7남매의 가슴에 꽃씨를 받자던
오늘은 당신을 불러봅니다

동두천의 자랑, 의병장 김연성 열사!
-영전에 바칩니다

구한말, 사람들이 '김박사' 라 부르던 강릉김씨 35세손
정7품의 벼슬, 충청남도 도주사도 마다하고
일신의 안위 모두 버리시고, 가시밭길
일제의 국권침탈에 항거하신 임이시여!

금쪽같은 목숨 바쳐
민족자존의 기치를 높이 세우신
자랑스러운 선열이시여!
연천, 포천, 양주, 적성, 금화에서
조국위해 부릅뜬 눈, 피맺힌 절규
자손만대에 이르도록 영원히 빛날 것입니다

1909년 11월 29일, 조국과 영원히 작별을 고하던
서른아홉, 그 안타까운 젊음이여
길지 않은 생애, 외로운 충절
눈 감아도 보이는 듯
아! 그 마지막 순간이여

임께서 살았던 세상은 짧았지만
임을 가슴에 묻고 살아야하는
후손들의 세월은 너무나 길기만 합니다

임의 고귀한 목숨으로 대가를 치르고 지켜낸
자유, 민주, 평화, 세계 속에 우뚝 선 조국이여!
더 이상은 열사가 나오지 않는 세상에
강릉김씨 가문이 꽃을 피운 오늘 이 자리
가슴은 서늘해지고 목이 메입니다.

잎새마다 푸르고
뻐꾸기 울어대는 유월의 하루
자유의 땅, 평안의 땅
볕바른 '어운산' 선영에서
임의 넋을 기리오니 부디, 부디 영면 하소서
아! 임이시여!!

(2014년 6월 12일)

DMZ를 기억하다

경기도 파주시 군내면 백연리
캠프 그리브스(CAMP GREAVES)에서
50여 년 동안 오고 또 가기를
나이도 이름도 고향도 다른 파란 눈의 병사들이
또 다른 전쟁터 이라크로 떠나고 나자

이름 모를 어미 새는
1129일의 전쟁과 분단의 아픔과 절망을
아는지 모르는지
미군 떠난 탄약고에 둥지를 틀고
새 생명을 품고 희망을 노래하는데

'태양의 후예' 흔적을 찾아 온 사람들도
갖가지 색깔의 리본을 달며
뜨거운 마음으로 평화통일을 염원한다
리본 숫자가 얼마나 더 쌓여야
녹슨 철조망도 녹일 수 있으려나

가느다란 바람결에도 신경이 곤두서는 경계초소에서
우리의 아들들은 오늘도 서부전선 비무장지대
목함지뢰의 악몽을 떠올리며 군번줄의 의미를 새기다가
또 다시 두 눈 부릅뜨고 북한초소를 주시하며
죽음의 차단막이 없어질 그 날을 그려본다.

이별 연습

돌아오던 길에 예감했다
다시는 전화번호 누를 수 없고
그 음성 듣지 못 한다 해도
이젠 모두 추억이 되어버린
그 시간들을 견뎌야 한다는 것

지금까지
거짓이 아니었음을
파도가 손짓하고 사라지는
순수한 마음이었음을 알면서도
그대를 보낸다

아무런 기대도
약속이 없음을 안도 하며
사랑 할 때는 사랑을 모르고
어둠이 힘이 된다는 것을
이별 후에야 알겠다

이상설 선생의 유허비 앞에서

시베리아 횡단 열차가 바람을 가르며
'우골리니야' 역을 막 떠나갔다
'블라디보스톡' 에서 한 시간
'우스리스크' 까지 버스로 또 한 시간
건너편으로 발해의 옛터가 보이는 수이푼강

연해주의 독립운동가 그 중심에 계셨던
이상설 선생의 발자취 따라 이곳에 왔다
1910년 8월 27일 성명회를 조직하여
침략세력에 항거하고 자주독립을 위해 목숨을 바친
당신!
마흔여덟에 멈춰버린 안타까운 젊음이여

독립운동사에 빛이 나는데도 기억하는 후손은 많지 않고
소련인들이 세웠다는 조선계 소련인 이상설 선생의
유허비
오늘도 세월을 안고 말없이 흐르는 수이푼 강가에
비바람 맞고 외롭게 서 있는 선구자여!

사랑의 힘

이국의 숲 속 단골벤치
그대가 보낸 서툰 편지는
우표를 붙이지 않아도
소인이 찍히지 않았어도

그대와 나 사이에 놓은
먼 하늘 길 달려와
깊은 새벽 등불을 켜고
잠든 나를 깨웁니다.

2009, 성년의 날
– 스무 살 젊음에게

그대 이제 스무 살
바라만 봐도 가슴이 벅차오는 나이
비바람과 혹한을 모르고 살아
더욱 빛나는 기쁨이여!
어느덧 깊어진 감성으로
스스로 꽃 피우고 열매 맺어
지난날 뒤척이던 설렘도 풀어내고
저 넓은 세상 소통의 길 열어가리니

어여쁜 스무 살의 젊음이여!
먼 날, 그 후에도
그대들의 일기가
행복으로 채워질 수 있기를,
매 순간 순간마다 환희로 이어지기를…
이제 나아가 세계무대의 주역이 될
그대,
어여쁜 스무 살의 젊음
푸르른 희망이여!

사랑은 때로

사랑은
아프게 하는 것

사랑은
힘들고 지치게 하는 것

사랑은
까닭 없이 눈물짓는 것

사랑은
나지막이 한숨짓게 만드는 것

사랑은
문득 길을 잃게 만드는 것

엄마의 빨간불

가스보일러에 빨간불이 들어온다고
세 번째 전화가 오던 그 며칠 후
위층 보일러가 터져
세숫대야에 물을 받아 버리고
물을 닦아 내면서도 전화 한 번 하지 않더니

아들, 며느리와의 동거도 거부하고
그저 집안에서 혼자 있는 것이 좋다더니
도배 하는 그 사흘 동안
딸네 집에 계시다가
전화 오기 무섭게 가신지
겨우 이틀 만이었다

엄마의 몸에도 빨간불이 켜졌다
고관절 수술을 받고 소변 줄을 차고
아들도, 며느리도, 딸도 아닌
간병인의 도움을 받는 날이
오고야 말았다.

M 시인

'만해 축전' 을 마치고 돌아오는 길
관광버스 안에서 두 번째 인사를 나누고
휴게소에서 이야기가 길어졌다
대출받아 지었다는 부모님의 고향집에서
얼마 전에 집들이를 했다며
핸드폰을 열어 사진을 보여 준다

어머니의 이야기를 할 때는
그의 커다란 눈시울이 젖어들고
옥수수밥 콩밥이 먹고 싶은데
잡곡밥을 싫어하는 아내와 중학생 딸에게는
고리타분하고 시대에 뒤떨어지는 가장이라고 하더니

버스에서 내려 택시를 태워 보내고도
집에 도착할 때쯤에 전화 걸어 안부를 확인하던
남을 먼저 배려하는 시인이여!
그의 시를 읽고 있으면 마음이 아리다

어느 백양나무 곁가지 이야기

지난 금요일
'지혜의 등대' 에서 빌려온 두 권의 책이
우연히도 '똥친 막대기' 와 '똥 꽃' 이었다.
오늘 '똥친 막대기' 를 다 읽고
다음 책을 집어 들고 서야
그 두 권의 공통점을 알게 되었다.
우리 집 식탁에서 지난 며칠 동안
향기로운 똥냄새가 풍겼을 텐데도
아무도 눈치 채지 못했다.

새해를 맞으며

눈 깜짝 할 사이였다
대식가처럼 또 나이를 먹어치웠다
첫 날 아침 스스로의 다짐은
며칠 못 가서 무너져 버리고
고통을 잊으려 억지웃음을 웃으며
영원한 인연도, 사랑도 없음을
다 알아버렸다는 듯 달관의 표정으로
우리 곁을 떠나는 세월 앞에 무릎 꿇고
속수무책 바라볼 수밖에 없었다.

수많은 고비를 넘나드는 인생 길
잿빛하늘에서도 한 줄기 찬란한 햇살 내리듯
고난을 이겨내고 소소한 일상의 행복을 놓치지 않으면
기쁨과 환희가 존재 하겠지요
새 얼굴로 나에게 온 을미년 새해를 맞아
처음 시작하는 마음으로
새로운 희망을 펼치며
일 년 내내 감사하는 마음으로
살 수 있기를 소망합니다.

2부

가을에 물들다

가을 보문사

보문사에 가을이 찾아왔다
가을은 산사에 제 소리와 색깔을 결 곱게 풀어 놓았다
청량한 소슬바람에 잠 깬 처마 끝 풍경소리
절 마당을 쓸어내리는 스님의 빗자루 끝에 매달린 나
뭇잎도
부처님 품에 안기고 싶어서 부스럭대며 뒹구는 날
가을 햇살이 펼쳐놓은 정갈한 마당에
코끝을 스치는 향 내음, 새소리도 화음을 보태니
대웅전 부처님 얼굴에 미소가 피어오른다

도솔천의 영화도 버리시고
인간세상 고통을 구원 하시려고
이 세상에 오신 부처님이시여!
돌멩이 하나, 흙 한 줌도
귀하게 여기시는 부처님이시여!

오늘 여기 보문사 넓은 마당에
손 에 손잡고 사람들이 모였습니다
성격도 생김새도 다릅니다
그야말로 세상의 축소판입니다
미움도 내려놓고, 성냄도 내려놓고
넉넉한 사랑, 따뜻한 가슴으로 마음을 열어
진실로, 진실로 참회하며 기도 합니다

그래서 언젠가 우리가 반야의 눈을 뜰 때
오로지 부처님의 지혜로 하나 되면
세상은 부처님의 자비와 지혜로 충만할 것입니다.
그리하여, 온전히 부처님 닮은
행복미소를 짓는 날이 오면
우리도 마침내 부처님의 광명 속으로 스며들고
이 세상은 반야의 빛으로 충만할 것입니다

우리 모두 서로가 서로에게 빛이 될 수 있기를
연꽃처럼 맑고 향기로운 충만한 삶이되기를
허망한 육신에 집착하지 않기를... 발원 하면서
오늘 보문사 명상 마정수기 법회에서
부처님께 지극한 마음으로 기도합니다...

(2014. 11. 2 마가스님 초청 명상 마정수기 법회 축시)

돈세탁

빨래 끝
경쾌한 멜로디를 들으며
세탁물을 꺼내 모두 건조대에 널었다
잠옷 한 벌
티셔츠와 바지
양말 네 켤레
타올 몇 장

빈 바구니 속
유난히 반짝이는 동전 하나
칠년 넘게 더럽혀진 몸
한 동안 라벤더 향에 취해 졸더니
어느 새 날개를 파닥이며
하늘을 나는
두루미 한 마리

그 집 앞을 지나며

계절이 여러 번 바뀌고
그대를 처음 만나던 초하
이제 먼 곳으로 떠나야 할 시간
행여 그대 만날까
두근거리는 가슴으로
오늘도 그 집 앞을 지나지만
대문은 굳게 닫혀있고
그대모습 보이지 않네
그리움과 아쉬움이 교차하는 짧은 순간
작별인사도 할 수 없이
아무것도 모르는 그대여!
이제는 안녕!

일상의 행복

감기, 몸살 끝,
어제 아프다고 집에 올 때만 해도
기침에 고열에 기운도 하나도 없다고 하던 딸이
다시 씩씩해졌다.
아침밥을 먹고 예쁘게 차려 입고는
"엄마! 내가 오랜 만에 피아노 쳐줄게."
라며 피아노 앞에 앉았다
커피 한 잔을 앞에 두고 식탁에 앉아
딸의 피아노 치는 소리에 푹 빠졌다.
[소녀의 기도] [엘리제를 위하여] [아드린느를 위한 발라드]
피아노 치는 손놀림이 예전 같지는 않았지만
난 살짝 거짓말을 보태
"우리 딸 옛날 실력 그대론데..."
하며 박수를 쳤다.

참 행복한 아침이다

어떤 생일

생크림 케이크
아이리스 한 다발
따뜻한 정성이 담긴 손 편지 카드 두 장
서툰 솜씨로 끓인 미역국
엄마의 취향을 생각하여 고른 멋진 핸드백
따뜻한 트레이닝복
감동의 영화 '아바타'
아직은 건강하신 내 엄마와
함께 할 수 있어서 행복한 하루

꽃 무릇 피던 날

봄엔 잎이 가을엔 꽃이
서로 만나지 못하는 붉은 상사화
가슴엔 아직
깊이 뿌리 내리지 못했는데
"상사화 피었어?"
그만 기다림에 지쳐
그 음성 들려오는 아침
다정한 눈 길 한 번 주지 못하고
모른 척 지나쳐도
오늘 거기 붉게 핀다

갱년기에 길을 묻다

그녀의 수다가 늘어났다
여자의 시대를 이제 막 건너
아직은 지는 해를 보고 싶지 않은데
내면을 뒤흔드는
가파른 산길 오르듯
살아온 젊은 날은 가고
허리, 무릎, 어깨의 통증
깊은 상실감 안겨주는
꽃 진 그 자리에 열매가 맺히듯
거부할 수 없는 세월
구름이 산을 넘는다

버스, 정류장

바람도 눈부신
나른한 오후

숨 가쁜 일상에
쉼표 하나 찍듯

우리의 만남도
아주, 잠시

거미

샛골길에 세 들어 살고 싶다
채송화, 도라지, 더덕, 국화
피어나는 거기에
주목나무 한 그루 붙잡고
방 한 칸 만들고 싶다
소요산 물소리 따 담으며
크레용 낙서를 마당에 키워서
고추도 심고 오이도 가꾸어
맨손으로 잡초를 뽑다가
부추꽃, 호박꽃이 맛이 들어
노을이 주공아파트 뒤로 질 때까지
바람과 말을 걸며
샛골길에 살고 산다

소금 꽃

먼 바다를 부르다가

혼자되어

하얀 옷을 입었나

짠물이 수놓은

땡볕의 입술을 깨물어

아리다 너의 모습이

간이 밴 박꽃이여

목마른 여인이여

야미리

평생을 살면서도
언니의 조카딸을 공주처럼 여기시던
이 세상에 한분 밖에 안 계시던 이모
지난 토요일 잡아본 손이 마지막이 되고 말았다
눈물로 찾아 가는 길
야미리

여름방학이면 두 살 위의 언니와
비포장길 버스를 타고
'백의리' 지나서 잠이 들어 '운천' 까지 가면
거꾸로 십리 길을 걸어오며
고무신 벗어 송사리 잡고
유년의 일기장을 채우던 어린 시절

저 논 밭 어딘가에
남아 있을 작은 발자국
잊지 못할 이름으로
풍경화 한 편을 그린다
야미리

고양이 2

새끼들 젖 먹이느라
"나비야!" 부르면
겨우 "에~엥" 대답만 하고
얼굴도 안 내밀더니
우유 가지고와
"나비야 우유 먹어"
하면 쏜살같이 내려 온다
"젖 먹이려면 많이 먹어야지"
우유 먹는 사이에 박스 안을
몰래 들여다보니
어미 닮은 새끼 두 마리와
노란 털을 가진 새끼 한 마리가
눈도 못 뜨고 있다
모두 세 마리
저 작은 몸으로 어떻게 세 마리 씩이나 낳았을까?
산고의 흔적도 없이
배내똥을 모두 핥아주고 보살피는
어미가 된 고양이가 참 대견하기만 하다

청마青馬의 해를 맞으며

제야의 종소리가 힘차게 울리고
힘찬 질주로 하늘의 뜻을 전하는 상서로운 동물
청마青馬의 해가 밝았다

잿빛 하늘을 열고 내리쬐는 눈부신 햇살 속에
고난을 이겨낸 생명의 에너지가 존재하는 것처럼
우리의 일상을 지배하는 고민이 깊어도
홀로 길을 잃었다는 막연한 생각이 들 때에도
내일은 분명 고단한 오늘보다 나을 것이란
희망을 잃지 않으며 숨 가쁘게 살아온
고달프고 치열한 삶이었다

이제 겨우 밥술이나 뜨는 살림살이지만
거들먹거리며 심보만 고약해진
채울수록 허기지는 우리들의 자화상을 본다

세월 저 편으로 밀려난
해맑은 옛날을 떠올리며
마음을 깊이 나누어
마음자리만은 늘 넉넉해지기를 소망한다

설레는 다짐으로 청마(青馬)의 해를 맞는다
밝게 웃으며 소망의 자락 크게 펼치면
지리멸렬한 일상도 온통 아름다워 지리라

불구하고의 사랑

착각이기를 바랐던 사랑이다
두근거리는 가슴을 쥐어짜는
어떤 사랑이다

눈감고 잊으려 하는데도 불구하고
더욱 또렷이 다가서는 사람
그리움이 시작되기 전엔
도무지 알 수 없는 인연 이었다

굴레를 벗지 못해
죄가 되는 사랑이라 해도
되돌릴 수 없어
처음 낀 반지처럼 설레는 사랑이다

어머니가 사는 법

무료 폐렴 예방접종 한다기에
어머니 모시고 보건소에 가서
앙상한 어깨 들춰내고 주사를 맞았다

다음은 기억력 알아보기
사시는 곳이 어디냐고 묻자
경기도에 사신지 수십 년 인데
"여 강원도 아니야요?" 하신다

오각형 겹친 것 그려 보라는 말에
연필을 쥔 손이 파르르 떨린다
한 번도 연필을 잡아 본 적이 없는 어머니

젊은 날엔 7남매 생일,
그 많은 제삿날도 모두 기억 하시고
지금도 전화기 너머 아들, 딸, 손주 목소리
모두 알아들으시는 어머니는

어머니 사는 곳!
거기가 어디인지,
오각형 그리는 일 따위는
하나도 중요하지 않다

어떤 바람의 술래

일요일 아침
양말 곡목엔
추적추적 비가 내리고
태화, 천일 상회도
굳게 문이 닫혀 있다

빠르게 내달리는 세상 한쪽에서
과거의 영광 빛을 잃어가도
서로 도와가는 보통사람들의 따뜻한 가슴과
그 속에서 피어나는 이야기도
하루쯤 쉬었다 가고 싶으리라

형록 분식집 군만두를 찾는 이 없고
문희 음악학원도 덩달아 조용한
비 오는 일요일 아침
대신4길 양말 골목엔
주차금지 표지판도 휴식을 취한다

낙타

긴 속눈썹 아래로 내리깔고
쪽잠을 자는 낙타여
오금이 저리지도 않니
평생 벗어나지 못할 사막에서
오늘은 또 어떤 관광객을 맞을까
이 넓은 사막에서
잠시 다니러온 나와
'183' 번호표 한 장으로 맺은 인연
너와 함께라면
그림자 한 자락마저 못내 아쉬운
명사산鳴沙山의 따가운 햇살도
거친 모래바람도
견딜 수 있겠구나

부추꽃

샛골길의 작은 텃밭
감자꽃, 오이꽃, 딸기꽃 유혹해도
곁눈 한 번 주지 않았었다
가지 꽃도 이제 더는 볼 수 없는 늦여름

손바닥 만 한 평수 겨우 세내어
조금씩 키 세우려 하면 어느새
가위로 싹둑 잘라 소쿠리에 담아가던
여주인 발길 한동안 뜸하더니

부추꽃 하얗게 뽐내며 피었다
"내가 제일 잘 나가"
꽃들의 노래 듣고 모여든
벌, 나비 거기 모두 모여 잔치 열었네

향기에 끌려 눈요기도 하고
꽃잎 따서 한 입 베어 물면
알싸한 그 맛이 아프다

소요산 자재암

지난해 여름 물 폭탄 맞은 흉터가
채 아물지도 않았는데
태풍 '볼라벤' 과 '덴빈' 이 또 지나갔다
놀란 가슴 쓸어내리며 힘없이 걷는
자재암으로 향하는 발걸음 무겁기만 하여라

단풍나무 잎새들
부드러운 바람으로 감싸주는
작별을 안으로 삼키며
속리교 건너 해탈문 지나
자애로운 품에 안기는 호사를 누린다

작은 인연이라도
소중히 하라는
한나절 그렇게 숨결을 느끼면
어느새 가슴 속에 신심과 만난다

라일락

오월

그 곁에 다가가지 않고는

못 견디게

유혹하는

그, 향기

길상사

비가 오는 날이면 그 곳에 가고 싶다
오가는 사람 적을 테니
백년도 더 된 느티나무 아래 앉아
가만히 귀 기울이면
빗소리, 나뭇잎 부딪는 소리
들을 수 있을 것만 같다

대추차 한 잔 앞에 놓고
법정스님의 〈버리고 떠나기〉를
떠 올려 봐야지
가슴 속에 용기 한 줌 들어 올린다

고구마 꽃이 피었습니다

지난밤에 개 짖는 소리 요란해서
한동안 눈여겨보지 않던 그곳에 갔더니
연분홍빛 고구마 꽃 두 송이 피었다
마른장마에 얼마나 속이 탔으면
약속 지키지 못하고
수줍게 꽃을 피웠을까

백년에 한 번 핀다는 너
행운의 꽃말을 가진 너
꽃을 피우면 알이 튼실하지 않다 해도
너를 만나는 기쁨을 놓치고 싶지 않아
끊어내지 못하고
목마른 너에게 빗소리 새겨 넣는다

가을에 물들다

푸르른 소나무 되어
사는 것도 괜찮겠지만
장맛비 그치고 부신 하늘에
산과 들이 가을 색으로 물들어 간다
자연은 금새 오묘한 물감을 입히며
아름다운 수채화를 그려낸다
가을의 길목
어떤 빛깔로 물들어 가고 있나
나도 가을 산에 물들고 싶다

커피를 마시며

커피를 마시는 것은 오래된 습관
한 잔의 커피 앞에 놓고
창가에 앉으면
세월가면서 내려놓았던
기억들 점점 키가 자라
파도로 밀려온다

내 가슴에
지울 수 없는 문신처럼

3부

바람의 언덕

약수터 가는 길

옆 집 아저씨 불편한 몸으로
한 손엔 물통 하나
다른 손은 손녀딸의 손을 잡고
약수터 가는 길

삐, 삐, 삐, 삐
삐삐 머리에 서툰 걸음마
불규칙한 삐삐 샌들 소리가
나른한 오후의 적막을 깨운다

100원

지금은 스마트폰에 치여
하루 한 번도 눈길조차 주지 않는
유선 전화기도 없던 시절이 있었다
전곡의 하사관 주택에 세 들어 살던
둘째 아이가 생후 7개월이던 그 때

낮에 시장 단골 쌀집에 가서
쌀 두말을 외상으로 주문하고 돌아왔다
저녁밥 할 시간이 다 되어가도 오지 않아
생각 끝에 2층 주인집 전화기를 빌려 전화거니
깜빡 잊었다며 금방 가져다준댄다
내친김에 시어머님께 안부 전화 한 통 더 하고
빨간색 전화기 옆에 100원을 놓고
주인아주머니께 고맙다는 인사를 하고 내려왔다

언제부턴가 100원 동전 길에 떨어져있어도
허리 구부려 줍는 일 조차 귀찮아
못 본 척 지나갔다
1987년 9월 4일 일기장을 보고
그때 100원의 소중함 새삼 깨닫는다

동해東海에서

블라디보스톡항을 출발한 배가 밤새
바다 한 가운데서 출렁이며 바다를 밀고 가더니 내가,
5살 때 아버지를 따라 이주 길에 나섰다가
아버지를 잃고 돌아왔다는 어느 소설가를 생각하는 동안
어둠에 갇혔던 뱃길이 열리자 동해항에 도착했다

점심때도 되었으니 바닷가에서 회 한 접시 먹고 가자던
몇 몇 일행들 꿍꿍이속을 처음엔 까맣게 몰랐었다
"보드카 보다 역시 우리 소주가 제일이야" 라며
몇 잔술이 파도타기를 하며 돌아가더니
"하루 더" 엉뚱한 긴급제안이 슬그머니 통과되었다

근처 'MU Motel' 301, 302, 305호를 예약해두고
'까막 바위' 앞 횟집에서 오늘이 마지막이라며
내일이면 술도 담배도 모두 끊는다는 아빠와
손가락 걸며 약속하고 내일이 개학날인데 보채지도 않고
어른들 사이에 얌전히 앉아 감자떡을 먹는 아홉 살 건우

아내와 아들 보다 함께 한 일행들 챙기기에 분주한
아빠걱정 때문일까
"나는 엄마 챙길 테니까. 엄마는 아빠 챙겨 엄마 남편
이잖아"
이다음에 커서 '유엔 사무총장' 되는 것이 꿈이라는

소년에게 지갑에 꼭꼭 넣어두었던 '행운의 2달러' 를
선물하며 아홉 살 건우의 꿈을 응원한다

피피섬

태국의 남쪽 바다, 피피섬
3년 전, 위대한 자연의 힘 앞에 치를 떨며 그저 하늘을 원망했었다.
지금은 길거리의 사이사이에 만들어진 쓰나미 대피 루트 표지판만이
그때의 아픈 기억들을 대변하는 흔적으로 남아 있는데
아픈 상처는 어떤 식으로든 잊으라며
사람들은 다시 그 바다에 열광하며 물밀듯이 몰려들고 있다
그 날의 악몽을 잊으려 애쓰는 사람들은
잠시 지나며 건드리는 마른 모래 바람에도 놀란 가슴이 되어
햇살에 일렁이는 바다도 두려워 떨고 있는 듯 보여진다
무한의 바다, 그 어딘가에서 와락 밀려드는 공포
죽음을 앞두고 분초를 다투던 안타까운 시간들을
바람도, 태양도, 해변의 나무도 백사장의 모래도
모르는 척 외면했을 게다
어쩌면 그들도 공범인지 모른다
그렇게 삼킨 바다는 더욱 더 늠름한 모습으로
기름지게 살아 꿈틀대고
슬픔과 아픔과 분노까지도
그 깊이를 알 수 없는 곳으로
자취 없이 사라져 버린 지금

어떤 이들은 너무 절실한데
또 어떤 이는 너무 행복한
2008년 1월, 잔잔한 해변에는
빈 생수통만 뒹군다.

갠지스강

인도에 가시거든
하루에 두 번 갠지스강을 찾아가보세요
황혼이 질 무렵엔 '사이클 릭샤' 를 타고
혼잡한 시내 중심가를 달려보세요
'릭샤꾼' 그들의 생존본능으로 흙먼지길
앞 다투어 달려도 아무 걱정 없습니다
동이 터 올 무렵에는 졸린 눈 비비며
자동차를 타고 가셔도 됩니다
조그만 배에 몸을 싣고, 고요한 아침을 느껴보세요

천상에 흐르던 강,
눈으로 보기에 깨끗하지 않아도
그 곳에 몸을 담그는 것이 평생소원인 사람들이
있습니다
갓 결혼한 신랑, 신부, 그 들의 인연도
갠지스의 여신과 이어지기를 바라고
영원한 해탈의 길로 가기위해
'마그니' 에서 지핀 성스러운 불로 몸을 태워
자연의 일부로 돌아갑니다
갠지스강에서

트레비 분수

로마로 이동하는 관광버스 안에서
영화 '로마의 휴일' 을 보았다
세월이 흘러도 변함없는
젊은 날의 '오드리 햅번'
그녀의 사랑스런 모습에 푹 빠졌던 어젯밤

영화 속 한 장면을 떠 올리며
트레비 분수를 등지고 서서
동전 한 개를 오른손에 쥐고
왼쪽 어깨 위로 힘껏 던졌다
로마에 다시 올 수 있기를 기원하는
해맑은 딸의 소망이 물보라로 넘쳐난다

호호호, 깔깔깔,
젤라또 아이스크림을 먹으며
얼굴색 다른 사람들로 로마는 포동포동 살찌고
내 수첩에서도
'딸과 함께 떠나는 서유럽 여행'
버킷 리스트(Bucket List)목록 하나가 지워졌다

시테 솔레이 사람들

한때는 너무나 가난해서
하루 한 끼 진흙쿠키로 연명했어도
사랑하는 가족들과 함께여서 행복했었던
'시테 솔레이' 사람들

평화로웠던 어느 날 오후
대통령궁, 몬타나 호텔,
져마리 중학교 마져 힘없이 무너져 내리더니
철사로 쌓아올린 그들의 보금자리도 흔적 없이 사라
졌다

더 이상은 진흙쿠키마저 만들 수 없는
무너진 건물 사이에서
생존 한계시간을 한참이나 넘기고 살아난 아기가
멈추었던 시간을 되돌려 주더니

폐허 속에도 기적은 있다고
수없이 많은 밤하늘의 별들도
서러운 그들에게 새로운 희망을
밤마다 속삭거린다.

연안부두를 떠나며(2008)

'대인 훼리' 가 꽁꽁 묶어 두었던
밧줄을 풀었다
안전한 항구에서 벗어났다
더 넓은 바다를 향해
더 넓은 세상을 보기 위해
더 많은 깨달음을 하기 위해

누군가가 나를 향해 손 내밀면
편견 없이 그 손잡을 수 있을까?
낯선 땅, 낯선 사람들에 대한 호기심이
어느 정도 충족이 되면
문득, 이방인의 고독을 경험하게 되리라

짤막한 일회성의 대화에 싫증이 나고
시시콜콜 사는 이야기를 나누던
대상이 그리워질 즈음
나는 다시, 내가 속한
일상으로 돌아올 것을 꿈꾸리라

대룡훼리 선상船上에서

사람보다 먼저 길게 줄 서서 순서를 기다리던
보따리장사들 빈 가방의 주인이 나타나고
평택항이 아스라이 멀어지면
어느 틈에 반바지와 슬리퍼 차림을 한 이들은
창가에 일찌감치 자리를 잡고 마작을 하기 시작한다
어떤 이들은 텔레비전을 보며 맥주를 마시기도 하고
또 어떤 이들은 밥과 부실한 반찬을 펼쳐놓고 식사를 하고
빨래를 한다
사람 사는 모습, 그 간극이 엄청나게 벌어져있는 선상船上에서
섣부른 동정이나 턱없는 오만은 금물이다

세상에서 고립된 바다 위에서
부끄러움 따위는 사치라고
잠시 삶의 무게를 덜어낸 이들의
살아가는 모습을 보고
나도 자판기에서 막 꺼낸 캔 맥주 하나 마시고
불을 켜고 누우면 그래도 아늑한 2층 침대칸에서
"중국은 못생긴 사람만 가이드로 고용하나봐"
"이방 향기 구리다"
"2006. 7. 12, 위해시로 Let's Go"
"2006. 7. 31, 우린 집으로"
라고 쓰여 진 머리맡의 낙서를 읽으며
슬며시 미소 짓다 어느새 잠이 들어버리면 그만이다

적막한 바다 위에서 긴 긴 밤이 가고
마작을 하느라 밤을 꼬박 새웠거나
잠에서 막 깨어난 사람들은 어느 새
텔레비전 앞에 모여 앉아
미국 산, 브라질 산 닭고기를 국내산으로
원산지를 속여 판다는
아침 뉴스를 보고 있다

씨엠립의 아이들

타프롬 사원 가는 길
가난한 어머니 도우러 나온 것일까
열 살 '콘시' 와 여덟 살 '린'
플라스틱 바구니에 팔찌를 들고
동방에서 온 관광객에게
바짝 따라 붙는다
"세 개 원 달러"

다리도 쉴 겸 돌에 걸터앉아
이마의 땀을 닦아주고
볼펜을 나눠주고
이야기를 나누었다
조금 전까지 팔려던 팔찌를
"프레젠트" 라고 하며
나와 딸의 손목에 걸어준다

아이들의 까만 눈망울이
더욱 맑게 밝게 빛나고 있었다
사원을 다 돌아 나올 때까지
머뭇거리며 따라와서는
"사랑해요, 순자, 영인" 이라며
두 손으로 하트를 그려주던
씨엠립의 아이들

커얼친 초원에서

순결한 땅
오, 하늘의 은총이여!

평화로운 초원 위로 석양이 물들면
유목민들의 힘겨운 하루 일과도 끝이납니다

초원에 어둠이 찾아오면
손이 닿을 듯 가까운 하늘에선 별무리 쏟아지고

게르 천장으로
고즈넉이 스며드는 달빛

지나가는 바람, 속절없는 기다림에 지쳐도
한 잔의 수태차를 마시며

더 넓은 가슴이 되어
영원한 소유를 꿈꾸지 않는 자유를 배웁니다

석탑에서
– 그날 구다라에 비 내렸다

벚꽃 만개한 4월 일본의 비와코 호수
거기 머나 먼 고속도로 빗길 뚫고 달려
발걸음 멈춘 곳 백제인 옛 터전 이란다
우뚝 섰구나 구다라(백제) 뜨거운 숨결로
서기 660년 망국의 비통 가슴깊이 껴안고
바다 건넜던 그 날도 오늘처럼 비 내렸을까

가쁜 숨 몰아쉬어 167계단 단숨에 오르니
오랜 역사 굳게 지킨 민족혼 똘똘 뭉쳐
보라 저 큰 돌탑으로 다시금 일어섰구나
그 땅에 가슴 겹쳐 펼치는 8만4천 부도들

아득한 옛날 그 고난의 시절에도 부지런히
밝은 해 뜨는 아침마다 구다라 사람들 모여
드높은 산꼭대기로 큰 돌 들어 올려 탑을 쌓았다지
나라 다시 세우자 한 가지 피 끓는 소망이었으니
백제인들 굽어 살피소서 다시 일어나 다오
백제는 구다라, 큰 나라 구다라는 영원하리

쿠무타크 사막

사막에 와서야 알았네
얕은 바람에도 무너질 수 있다는 것
방금 다녀간 그대 흔적 어디에도 없다는 걸
발자국 남기려고 아무리 힘들게
꾹꾹 찍고 걸어왔어도
오늘 발자국이 뒷사람의 길이 된다는 말이
모두 부질없다는 것
너무 늦게야 알았다
사막의 꽃
수분을 빼앗기지 않으려고
선인장도 가시 옷을 입었다

독도에서

2008년 11월 13일 한 통의 메일을 받았다
청년이 펼쳐 들고 있던 책 한 권 [행복한 여자]
진눈깨비가 날릴 때 쯤 길고 긴 겨울을 준비하며
사람이나 식물 모두 힘겨운 겨울을 보내야 할 때
한 권의 수필집이 잠시나마 따뜻한 휴식의 시간이
될 수 있다는 독도 경비대 홍창식 대원!

2016년 7월 7일 12시 30분
독도 행 〈씨스타 5〉에 몸을 실었다
울릉도에서 87.4킬로미터를 달려
아! 저기... 점, 점, 점
점 점 크게 보이더니 눈앞이 흐려진다
그리도 그리던 아들 같은, 애인 같은 섬

흔들리는 〈씨스타 5〉 매점에서
"독도에 못 들어가시면 다시 가지고 오세요" 하던
검정 비닐 봉투에 담긴 〈키스틱〉
오래 전 홍창식 대원을 닮은 경비 대원에게
슬그머니 건네고 잠시 머물다 돌아오는 길
삼형제 굴바위도 탕건봉도 촛대바위도 모두 안녕

미얀마에서

1
아무리 홍수가 심해도 넘치지 않는다는
예레(Ye le) 파고다 가는 길은
동쪽으로 머리 향한 부처님을 만나러 가는 길
눈앞에 바라다 보이는 작은 섬
그 곳에 가기위해
먼 길 달려와 버스에서 내려
신발도 양말도 벗고 선착장에서 배를 기다린다

2
'극락의6층' 이라는
차욱타지(Chauk Htat Gyi) 파고다에는
세상에서 가장 편한 자세로 누워계시는 부처님
발바닥에 새겨진 108번의 전생도
부처님의 발바닥 또한 어여쁘기만 하다

3
양곤의 한적한 길가
자그마한 노상 찻집에서
그네들의 작은 몸집이 앉으면 꼭 알맞은
작고 낮은 앉은뱅이 의자에 앉아
미얀마 전통차 러펫예(Lapietye) 한 잔을 주문한다
녹차잎 우려내어 설탕 연유를 넣어 만든

따스한 차 한 잔을 시켜놓고
양볼에 타나카로 단장을 하고
입가에 미소를 잔뜩 머금고
실처럼 가는 쌀국수를 시켜 홀짝거리며 먹는
처녀들을 지켜본다
잠시 다니러온 이방인이
도통 알 수 없는 그들의 역사와 문화
사람 사는게 다 거기서 거기지 하다가도
차창 밖으로 눈 마주치는 사람들에게 손을 흔들면
열이면 열 사람 활짝 웃어주는 미얀마 사람들

4
열한 가지 만두가 순서대로 나오는
미얀마 대표 중국 요리점 [로열가든]에서 오찬을 했다
딤섬을 먹고 비 내리는 깐도지 호숫가를 산책 하는데
어떤 연인들은 나무아래서 비를 피하며
애인에게 가지고온 도시락을 먹여주고 있고
팔각정 아래의 연인들도 우산 하나로 가리니
남의 눈을 피하기에 충분해보였다
뒷모습을 보이며 오래 오래 호숫가를 바라보는 연인들은
무슨 대화를 나누고 있을까
호수를 건너는 나무다리에 새긴
사랑의 언약은 어느 연인의 것일까

5
한국에 돌아오는 날
공항으로 가기 전

사쿠라 타워 21층 스카이라운지에서
망고 쥬스를 주문했다
남쪽으로는 양곤 강, 술래(Sule) 파고다
쉐더공 파고다를 중심으로
양곤시내를 한 눈에 볼 수 있었다
마지막이면 늘 그렇듯이
언제 또 이곳에 올 수 있을까
아쉬움이 남는 4박6일의 짧은 여정에
'밍글라바' 만날 때마다 인사를 나누던 까만 눈빛들
맨발로 걷던 기억들 그리워지리라

바람의 언덕

먼 바다 저편에서
바람 한 줄기 불어오면
기다렸다는 듯
언덕 위 풍차가 돌아간다
어색했던 연인들도
바람을 핑계 삼아
두 손을 꼭 잡고 다정하다

겨울의 끝자락에서
외로운 사람들은
그리운 사람들은
가슴이 먹먹한 사람들은
끝없이 끝 없이
푸른 바다만 바라보다
다시 길이 되어 발길을 돌린다

3월, 탑골공원에서

2014년 3월 20일 오후 3시
화사한 봄 햇살 손잡고
95년 전 거국적인 만세운동의 진원지
탑골공원을 찾아갔다
숭고한 선열의 영혼을 위로하고
아득한 기억 더듬어 그 정신 이어 받으려
나라사랑 詩 불러 모아
민족, 애국시 낭송회를 연다

하얀 저고리, 검정치마, 무궁화 꽃 가슴에 안고
뜨거운 목소리로 산하를 불러본다
색소폰, 오카리나, 팬플룻 선율
시의 향기가 하늘에 닿았는지
하늘도 웃다가 울다가 하는 날
그 날의 함성이 들리는 듯
우리 모두의 가슴에서 가슴으로 넘나들어
몸도 마음도 흥건히 적시는 날

거국적인 만세운동의 진원지, 유서 깊은 이 자리가
번화한 도심에서 섬처럼 느껴진다네
가장 큰 노인정이라고 불린다네
바둑, 장기 두던 노인들 보이지 않는 오늘
1919년 3월 1일 정오

민족대표 33인을 결속하여 만세운동을 벌이신
의암 손병희 선생의 동상 앞에서
축복된 오늘의 일상에 감사하며 옷깃을 여민다

다시 포항에서

낯설고 막막한 사단 연병장에 아들을 두고 온 지
꼭 17개월 만입니다

국방부 시계도 그렇게 흘러
아들은 이제 '상병' 계급장을 달았습니다
그 동안, 기다림도 배우고
애틋한 그리움도 배웠습니다
그 날의 눈물겨운 기억들도
이제는 웃으며 돌아봅니다
아들을 만나러 가는 길엔
단풍으로 물든 산과 들이
정겹게 동행을 합니다
시속 120km로 달리는 자동차 바퀴보다
엄마 마음이 더 앞서 달립니다
아들 보러 떠난 길의 그 설렘은
군인 아들을 둔 엄마가 아니면 모릅니다

토요일 아침 '해병의 집' 에는
저마다의 사연을 안고
아들을, 애인을, 친구를 만나러 온
사람들로 북적입니다
20분이 2시간이나 되는 것처럼 길게 느껴질 때쯤
공중전화 박스 옆쪽에서 활짝 웃으며 걸어오는

아들의 모습이 보입니다
철없는 엄마가 먼저 뛰어가
아들의 허리를 꼭 안았습니다
비록 개구리 군복 차림이지만
마음만은 바람처럼 가볍게
엄마에게 고단한 마음을 잠시 기댈 수 있는
이틀이 되기를 바랍니다

다시
포항에서

몸살

숨죽이며 드나들던
아침 햇살이
창틀에 걸려
방에 넘어오기 힘들어 할 때

손 내밀어 끌어당기려는데
몸은 더 천길 만길
늪으로 빠져드는 날
지난밤도 앓았다

약속

D-1
새벽을 깨우는 문자 메시지에
두근두근 감정의 사치를 부려본다
기다림이 주는 안타까운 상상도
막상 만나면 얼굴도 제대로 못보고
내심 하고 싶은 말은 따로 있는데
용기 있는 가면이라도 써야할까
내공이 깊어 그 마음 다스리는 걸까
약속을 붙잡고 시간은 지나
바닷가 작은 마을에 가면
가면이라도 쓰고
선율에 몸을 맡겨보리라

소요산 연가戀歌

인생길
설렘의 정거장에 서서
동반자를 기다리던 스물 셋
그때,
그대를 만났습니다

사랑의 날개 펴고
소요산 아래 둥지 틀어
그대 품에 안겼을 때
이 세상 누구보다
행복에 젖었음을 고백합니다

사랑은
단둘이 해야만 하는 것
언제나 그 자리 머물러주세요
그대만이
살아가는 이유가 됩니다

A Soyo Mountain's Sonnet

At the station of throb
On the way of the human life
Waiting for the life partner at my age of 23 years
Just at that time
I met you.

When we spread Love's wings
Built our nest under Soyo mountain
And I was embraced in your bosom
I can confess
That I have felt happier than anyone in the world.

Love
Is the world only two men are making
Always stay the place as you have done
Only you
Are I'raison d'etre.

펌프 물을 추억하다

아주 오래전, 나 어렸을 적에
흙먼지 뒤집어쓴 아버지
자전거 끌고 지쳐 돌아오시던 여름
아득한 땅속 저 밑바닥에 있어 보이지 않더니
어머니가 떠 주시는 한 바가지 마중물을 붓고
젖 먹던 힘을 다해 펌프질하면
그때에야 비로소 한달음에 솟구치던 생명력!

아이들 힘겨운 펌프질로 겨우 받아 낸
냉수 한 사발로 타는 목을 축이시고
고된 노동의 짜디짠 땀방울 씻어낼 때
덩달아 양동이에 넘쳐나던
아이들 웃음소리로 고된 하루를 살아내고,
깊은 수면으로 곤한 무게 내려놓으면
너무 오래 써서 닳아빠진 펌프도
그제 서야 몸을 쉬던 그때

자꾸 목말라 마시고,
허기져 마시다 보면
어느새 마음까지도 의젓해지던
가난한 유년의 그 펌프 물로
일곱 남매 키우시고 살찌우며
물 한 방울도 아껴야 잘 산다 하시던
어머니, 그 말씀이 진리였던 것.

Recollecting the Pump Water

Long, long time ago, When I was a child,
In the summer, when father had returned tired,
With a cloud of dust covered, dragging his bicycle
When I fetched the pump with a gourd bowl of water given by mother
Moving it up and down with all his sheer strength,
Then something out of sight far into the bottom of the ground
Has gushed the vitality out at a dash!

Moistening his throat by a bowl of cold water
Received by pumping of his kids with difficulty,
And washing his beads of sweat with heavy work out,
Father has spent this heavy day
Taking his hard weight of life into deep sleep
In their good laugh overflow with continuative buckets,
At the end, the wornout pump too much used
Took a rest from its heavy working.

Drinking after getting thirsty again,
Drinking after feeling hungry,
Feeling a hearty meal even in our minds,
Mother, saying, that by the pump in our poor infancy

Our seven kids was brought up and bred,
And be frugal even a drop of water,
What our mother said was a real truth.

무작정 눈물이 날 때가 있습니다

문득 하늘을 올려다 본 날
구름비늘 이 너무나 눈부셔
무작정 눈물이 날 때 가 있습니다.

수 없이 뱉어 내는
상처의 말 이…
서릿발 같은 위엄 때문이 아닙니다.

함께 있으면 시간이 달콤한 음악처럼 흐르고
순간의 욕망에 흔들리지 않고
순수하게 바라 볼 수 있는 그대

그 빛나는 순간들이
그저,
사랑이 아니어도

할 말 도 잊은 채
그 어깨에 머리를 기대고 싶은 날
무작정 눈물이 날 때가 있습니다.

There's Time Tears Come To Our Eyes Blindly

In a day when we behold the sky by chance,
The scaled cloud is so brilliant
That there's time tears come to our eyes blindly.

The wounded words
That we are spitting out countlessly,
Are not only because of a stern authority.

When with you, time passes like a sweet music,
Without shaking by the instant desire,
We can look at you purely.

Though the shining moments
Simply
Are not 'Love',

In a day when we want to lean our heads on your shoulder,
With our words to say lost,
There's time tears come to our eyes blindly.

가끔씩

그대여
우리 가끔씩은 안부를 묻자
바람에 실어 보내거나
잔잔한 미소이거나
오랜 이별 뒤에 만나도
낯설지 않게

그대여
우리 가끔씩은 안부를 묻자
이 세상 의미를 두는 한 사람
손길 닿지 않는 곳에 있어
그 절망감으로 무관해져서
다시 모르는 사이가 되지 않게

From Time To Time

Thou!
Let's inquire after our health at times
whether sending it on the wind,
On the silent smile
Not to be a stranger
Even though we meet again
After our long separation.

Thou!
Let's inquire after our health from time to time
As a meaningful person of the world
Beyond our reach
Not to be other person
Unconcerned by its despair

| 拔文 |

시간의 굴레에서 길어 올린 심상心想의 이데아Idea

안 익 수 (시인, 한국문인협회 편집위원)

그의 시상詩想의 근원은 삶의 울타리에서 발화한다. 시심은 시의 살결이 되어 인간의 거리에 바람으로 인다. 그는 시를 가지고 물들이거나 애매한 의미로 수식하지 않는다. 다만 사람의 둥지에서 시간의 알을 품는다. 그러기에 그의 시적 용암은 가슴을 통하여 분출하는 통증이다. 그것이 시의 화풀이이자 미학의 집적이 된다.

손순자 詩人, 그가 안고 가는 바람은 벌레 먹은 세상이 먹다버린 이기利器의 잔치를 설거지 하는 것일 게다.

먼저 다음의 시와 만나보자.

땅 주인이 바뀌었다는 소문이 들리더니
파란 양철지붕이 흔들리고
흙벽에 기댄 채 간신히 버티던
슬레이트도 떨어져 나갔다
치매가 의심되기 전 만해도
동사무소 소식지며 재활용 봉투
나눠주시던 키 작은 반장님
어느 날부터 그 모습 보이지 않았다
온기 없는 집 어딘가에 둥지 틀었는지
제집처럼 드나드는 고양이들
집주인 없어도 홀로 꽃 피우고
밤송이 키워내던 나무 한 그루
찾아오던 발길 뜸해지자
윤기도, 향기도 없다

대문을 지키던 문패마저
집주인과 마지막 인사 나누지 못하고
빈집과도 작별하는 날
이름 하나 마음에 새겨놓고 서있다
〈빈집 2〉 전문

시의 한 올을 당기면 안다.

손순자 시인은 물(생명)의 발원지를 찾아 골목길 가로등 아래 표지판을 세우고 문패를 단다. 또한 그는 일상의 삽을 들어 변명의 터를 열심히 다지고 있다.

노랑, 빨강, 분홍 채송화들
반짝이는 눈으로 기지개를 켜며
햇살아래 모여앉아 수다를 떱니다

세상사 일이 버거울 때마다
고샅길이 생각나
지난날의 길가에 오르면
유년의 꿈이 그 자리에서 웃고 있습니다

작은 마당에 채송화를 심으며
7남매의 가슴에 꽃씨를 받자던
오늘은 당신을 불러봅니다
〈당신을 불러봅니다〉 전문

이 시에서는 향수의 그릇으로 엎지른 아픔과 간구를 캐물으며 모성의 샘물을 긷고 있다.

그래 마당가에 사과나무가 붉게 익어 가면 인간의 가슴에 어머니의 꽃불을 지피고 싶은 거다.

그럼 시 〈어느 백양나무 곁가지 이야기〉를 탐미해 보자.

지난 금요일
'지혜의 등대' 에서 빌려온 두 권의 책이
우연히도 '똥친 막대기' 와 '똥 꽃' 이었다.
오늘 '똥친 막대기' 를 다 읽고
다음 책을 집어 들고 서야
그 두 권의 공통점을 알게 되었다.
우리 집 식탁에서 지난 며칠 동안
향기로운 똥냄새가 풍겼을 텐데도
아무도 눈치 채지 못했다.
〈어느 백양나무 곁가지 이야기〉전문

시인은 한 권의 경험을 통하여 심상의 씨앗을 근원적 뿌리의 바람으로 키워 끝내 '시화詩花의 언어' 로 피워 낸다.

이러한 꽃의 언어는 시인의 미학적 갈채이자 의미론적 시심의 갈등이기도 하다. 그것은 시인의 사상의 영토를 일구는 삶의 질문이자 화답이 아닌가.

사람의 허기진 밥상에 수저를 들게 하는 꽃의 그릇이다. 엄연한 것은 뜨락에 떨어지는 아침이다. 꽃의 의미는 시간의 태양과 손을 잡고 살이 여문다.

그러기에 이슬에 젖은 그의 '시화의 언어' 는 신화神話의 아프로디테(aphrodite)적 화술과도 닮아 있다.

어쩌면 시인은 꽃의 산실에서 욕망의 풀무질을 꿈꾸는 대지의 봄이 된다.

이처럼 그의 시는 선험적先驗的 사랑의 아리아(aria)다.

그러면 그의 시적 세간을 한 번 들여다보자.

봄엔 잎이 가을엔 꽃이

서로 만나지 못하는 붉은 상사화
가슴엔 아직
깊이 뿌리 내리지 못했는데
"상사화 피었어?"
그만 기다림에 지쳐
그 음성 들려오는 아침
다정한 눈 길 한 번 주지 못하고
모른 척 지나쳐도
오늘 거기 붉게 핀다

〈꽃 무릇 피던 날〉 전문

그의 시적 바람개비는 작지만 아득한 길을 밟는다.

인간의 악성에 따뜻한 옥타브를 안긴다. 삶의 길거리에 표지판이 되고 사람의 쟁반에 화채가 된다.

언어의 가위질이 다감하여 매콤하고 그윽하다. 불로 달구어진 언어는 시간의 발걸음을 끌어안아 포옹한다.

그의 시적 살림살이는 모서리에 부딪지 않고 서로 꾸미거나 변명하지 않는다. 형식적 모호함에 담그는 맛에서도 적당히 비껴나 있다. 다만 빈터의 햇살에 살을 누이는 달콤한 체온을 지나치지 않는다. 끝내 심상心想의 휴식은 메모리즈(memorize)의 풍경에서 숨결을 쏟아낸다.

그의 언어의 살결은 감성의 눈금이 짙다. 신작로와 오솔길이 손을 잡고 바람을 지고 가는 심상의 백일홍이다.

인간의 산술을 방임하려는 사랑의 의지가 마치 화단에 쏟아지는 강열한 달빛과도 짝이 된다.

그 빛은 이성적 사고의 눌림을 지나 감흥의 조화로 물감이 된다. 그 물감은 바람이 타작하는 미학의 자유다.

그의 시적 언어의 앙탈은 아주 달콤하고 뜨겁다. 그의

시적 사유의 언질은 사람의 침샘을 자극하는 상큼한 울림에 있다.

마치 아프로디테의 마지막 진술에서의 '그래도 사랑은 자유다' 라는 분홍 손수건의 다림질이 아닐까.

그래서 그의 시는 사람이 꺾고 싶은 꽃이다.

그러면 그의 시 한 편을 들고 자리를 옮겨 보자.

착각이기를 바랐던 사랑이다
두근거리는 가슴을 쥐어짜는
어떤 사랑이다

눈감고 잊으려 하는데도 불구하고
더욱 또렷이 다가서는 사람
그리움이 시작되기 전엔
도무지 알 수 없는 인연이었다

굴레를 벗지 못해
죄가 되는 사랑이라 해도
되돌릴 수 없어
처음 낀 반지처럼 설레는 사랑이다

〈불구하고의 사랑〉 전문

보석이 깨질 때 빛을 토하는 현상처럼 여기서 시의 구상도 매혹적으로 몸을 비튼다. 심상이 가슴에서 부대끼어 내리는 처방은 달이는 약탕기라기보다 사랑의 문신이다. 사랑의 의미와 까닭은 항시 한통속이다. 가끔 사랑의 궤도는 해바라기의 울타리가 아니다. 수컷과 암컷이 간음하는 향기를 살에 바르고 싶은 거다. 시인은 그 시적 언어의 품성을 꼬드기어 인간 본성의 성감대에 물을 끓이고 있다. 결국은 아궁이에 불을 지펴 밥을 짓고 살을 굽는다. 언어가 타는 연기로 시간을 출근시킨다. 비로소 사람의 정류장에 달이 뜬다.

손순자 시인의 유니크(Unique)한 언어의 두레박은 사람의 물을 길어 목마른 물병을 채운다. 사랑의 부뚜막도 장작을 지펴야 침실이 따뜻하고 숭늉이 구수한 법이다.

〈불구하고의 사랑〉의 살 냄새는 끊어질듯 이어지는 고요와 바이오리듬(Biorhythm)이다. 언어의 디자인이 아니라 느낌이다.

행간을 지나 외출하는 언어를 미행하면 힐링의 방에는 달빛이 뜨겁다.

이처럼 그의 시는 상징적 체질화의 완성을 잘 거두고 있다.

다음 시로 자리를 옮겨 보자.

먼 바다 저편에서
바람 한 줄기 불어오면
기다렸다는 듯
언덕 위 풍차가 돌아간다
어색했던 연인들도
바람을 핑계삼아
두 손을 꼭 잡고 다정하다

겨울의 끝자락에서
외로운 사람들은
그리운 사람들은
가슴이 먹먹한 사람들은
끝없이 끝없이
푸른 바다만 바라보다
다시 길이 되어 발길을 돌린다

〈바람의 언덕〉 전문

그의 시안은 사유와 인식의 스펙트럼을 통한 형상화로 감성의 굴레 안에서 자아를 냉철히 통찰하고 있다. 아마도 시의 분장은 삶에 대한 경건한 변명일 런지도 모른다.

한낮 이 땅에 심부름 와서 이곳저곳을 기웃거리는 시대의 연출이 아니다. 세상의 엉킴과 풀어짐의 관계성을 시간과 바람의 물레로 가늠하고 있다.

그의 시적 창문은 감상과 해석의 미묘한 경계에 있다.

다음의 시를 보면 그의 창밖이 환히 보인다.

샛골길에 세 들어 살고 싶다
채송화, 도라지, 더덕, 국화
피어나는 거기에
주목나무 한 그루 붙잡고
방 한 칸 만들고 싶다
소요산 물소리 따 담으며
크레용 낙서를 마당에 키워서
고추도 심고 오이도 가꾸어
맨손으로 잡초를 뽑다가
부추꽃, 호박꽃이 맛이 들어
노을이 주공아파트 뒤로 질 때까지
바람과 말을 걸며
샛골길에 살고 산다

〈거미〉 전문

그의 시적 부화는 입덧이 상큼하다. 까치가 햇살을 물고 오는 아침에 그의 시는 타오른다. 울안에 밥상의 괘종시계가 경쾌한 수저를 들게 한다.

한 송이 활짝 핀 구름이 하늘에 매달린다. 이것이 그가 추구하는 시적 이데아가 아닐까.

바람을 찢어 연을 만드는 그의 시작詩作의 페이소스적 매체는 달과 박꽃의 율동이 아닌가.

바로 그 리듬은 일상을 설거지 하는 분주한 의미로 이어진다. 그 시적 사유와 반주하여 피어오르는 향기의 경쾌함은 고단한 삶의 빨래를 물씬하게 헹군다.

그러므로 시인의 미학적 사유와 삶의 찬가는 바람과 공명이 되어 꽃의 물감으로 떨어진다.

손순자 시인은 시에서 삶의 종소리를 이렇게 타종하고 있다.

그 소리의 울림은 다음의 시에서 마침내 일상의 파도가 된다.

> 먼 바다를 부르다가
> 혼자되어
> 하얀 옷을 입었나
> 짠물이 수놓은
> 땡볕의 입술을 깨물어
> 아리다 너의 모습이
> 간이 밴 박꽃이여
> 목마른 여인이여
>
> 〈소금 꽃〉 전문

그는 시상을 날로 두지 않고 발효시킨다. 익은 언어의 향기가 멀리 가는 법이다. 언어로 시위하지 않고 침묵으로 불을 지핀다. 시적 달굼과 상상력은 햇볕의 미감(sense of beauty)으로 간을 들인다. 그의 심상은 강으로부터 바다에 이르는 여정의 보따리다. 그 여정의 물결은 열정과 냉정으로 증발하여 삶의 아름다운 궁극窮極을 서원한다.

이처럼 손순자 시인은 시심의 절제된 미감으로 흐트러진 시간의 옷감에 물을 들인다.

그의 시적 발현은 사람의 마음결에서 이는 삭막한 양심의 갈증에 있을지도 모른다. 문명의 이기로 곪은 자리에 '소금꽃'을 선사하고 싶은 게 아닐까.

시인은 하늘과 바람으로 삶의 페달을 밟으며 땅과 하늘에 대하여 간구의 편지를 쓴다.

그럼 그의 시는 어디로 갈까. 한 번 물어 보자.

이런 저런 핑계로
미루었던 시간을 꺼내어 들고
조금씩 생각하며 신을 신는다
이제 그만 지우려 해도
아무렇지 않게
숲속 산책길 셀카도 보내주고
소소한 문자로 새벽을 깨우던
아직 잊어버리기에는
오래된 습관이 되어
아마 바라보던 강물도
혼자 흐르고 있을까
먼 시간의 그리움을 들어주던
계단을 오르내리며
오늘도 만나러 간다

〈만나러 간다〉 전문

시인은 불온한 강물에 떨어진 아픈 구름을 들어내며 살아가는 정류장의 계단을 오른다.

시인의 집은 바람의 둥지일 때나 술래의 목청이어도 결

코 문패를 내리는 법이 없다. 그것은 시적 미학의 씨앗이며 시적 변이의 화장일 것이다.

손순자 시인은 만연한 물질의 우월심리와 간극間隙의 부작용으로 풍화된 인간의 상처를 꽃과 살의 언어로 치유하려는 꽃결의 시인이다. 달빛으로 대지의 움을 틔우며 구름의 시간으로 포용하여 가슴의 언어로 합장合掌을 한다.

그는 강물에 하얀 구름을 띄우며 강변에 서 있다.

초판인쇄 | 2016년 12월 19일
초판발행 | 2016년 12월 22일

저　　자 | 손순자
펴 낸 곳 | 제3의 문학

주　　소 | 경기도 가평군 상면 축령로70번길 41-6
전　　화 | Seoul Office / (02)2279-3357~8
E-mail | 3munhak@hanmail.net

출판등록 | 2008. 8. 21 제1-2727호

가　　격 | 9,000원

ISBN 978-89-89629-97-9